Le Prêtre doit-il rester

dans sa Sacristie ?

AIX

IMPRIMERIE J. NICOT, RUE DU LOUVRE, 16

1894

Le Prêtre doit-il rester dans sa Sacristie ?

AIX

IMPRIMERIE J. NICOT, RUE DU LOUVRE, 16

1894

Le Prêtre doit-il rester dans sa Sacristie ?

Discours prononcé par **M. GUILLIBERT**, *vicaire général d'Aix*

Au Congrès de la Croix, à Draguignan, en l'église paroissiale

Mes Frères,

Je viens étudier avec vous cette question : Le prêtre doit-il sortir de son église et de sa sacristie? Je réponds : oui; et j'espère justifier surabondamment mon affirmation.

Témoin depuis deux jours de vos travaux, dans ces réunions fraternelles, modestes mais fécondes, j'ai observé et j'ai vu combien, en cette pieuse, courtoise et élégante cité de Draguignan, sous la houlette du plus vénéré des pasteurs (1), les femmes chrétiennes savent comprendre le don de Dieu, renouvelant l'exemple des saintes femmes de l'Evangile, qui suivaient Jésus et l'aidaient de toutes leurs facultés. J'ai vu aussi combien le concours, éclairé et sans limite, des pieux laïques du diocèse, facilite le ministère des prêtres, dans les paroisses même réputées les plus ingrates. J'ai vu les anciens du sanctuaire, oubliant leurs méritoires services, se refaire ici écoliers pour mieux adapter leurs efforts aux formes nouvelles du zèle, et l'élite des jeunes prêtres, nullement découragés par l'âpreté du temps, offrant déjà de belles prémices, présage d'une moisson que leur persévérance fera mûrir même dans les terrains en friche et sans eaux.

---

(1) M. le chanoine Martin, Archiprêtre de Draguignan.

M. le Vicaire général (1), vous l'avez dit tout à l'heure : l'action des promoteurs intrépides de ce Congrès de la Croix nous a tous *rebaptisés*... oui, de ce baptême du feu, qui prépare les victoires ; qui donne à nous, soldats, comme à ces vaillants chefs, dès la sortie du cénacle, une ardente soif de conquêtes et nous fait sentir mieux que jamais que nous sommes les disciples du Christ, mort pour tous les hommes et les voulant tous sauver. Sur vos lèvres autorisées, cette parole est ici plus qu'un encouragement, c'est une consécration.

Ne croyez pas, chrétiens, que mon discours ne s'adresse qu'aux ecclésiastiques, accourus en si grand nombre autour de la chaire. N'êtes-vous pas tous la race élue, la nation sainte, le peuple choisi? Ce que j'ai à dire des ministres consacrés, je le dirai donc aussi, proportions gardées, de vous tous qui participez, déclare le prince des apôtres, au sacerdoce royal (2). Il importe, au surplus, que vous ayez votre jugement sûrement formé sur la question délicate que je viens traiter. Nous vivons dans des temps confus ; nous sommes à une période critique de transition. Le difficile, en telle occurrence, pour les esprits bien disposés, est souvent bien moins de vouloir que de savoir. Nettement instruits et solidement informés, dégagés des perplexités qui entravent et des préjugés qui obstruent, nous saurons mieux apprécier et seconder avec plus de suite les tentatives généreuses des serviteurs inconfusibles de Dieu et du peuple chrétien.

Que le Sacré-Cœur de Jésus, qui appelle ardemment à lui tous ceux qui travaillent et souffrent, donne grâce à mes paroles. Je les mets volontiers sous l'assistance maternelle de celle dont vous avez fait la patronne de ce Congrès, sous le nom si cher aux Dracénois de Notre-Dame du Peuple.

Notre-Dame du Peuple ! C'est bien le cas. Assurément Marie aime tous ses enfants : clergé, vierges consacrées, magistrats et notables ; mais « le peuple », la masse des ouvriers, des petits, qui portent dans l'obscurité de la famille et de l'atelier l'héritage séculaire des fardeaux

---

(1) M. Agarrat, vicaire général de Fréjus, représentant Mgr l'Evêque au Congrès.
(2) I Pet. II, 10.

et des misères: voilà la portion d'élite de sa vaste famille. Avec quelle fierté elle se pare de ce titre, et combien elle compte sur vous, mes frères, pour aider, à l'égard de ceux qui l'oublient ou la méconnaissent, les desseins de sa miséricorde.

I

Le prêtre doit-il sortir de l'église et de la sacristie?

Qui sont ceux qui disent non, alors que nous croyons qu'il faut répondre oui ?

Premièrement, les dogmatisants de l'impiété déclarée. Je me garde de dire les libres-penseurs, parce que leur pensée n'est pas libre. Eux qui se révoltent à la seule idée d'un *Credo* imposé aux consciences chrétiennes, ils sont esclaves étroits, aveugles, prosternés, d'un symbole — ou, comme ils disent, d'un bloc — sorte de mysticisme à rebours, comme en cultivent les féticheurs d'Afrique à l'usage des nègres. Excluant *a priori* Dieu et son action dans l'univers si, des boyaux du dernier des rois, ils n'ont pas encore étranglé le dernier des prêtres, ce n'est certes pas faute d'envie — d'envie philosophique j'entends — c'est pure affaire de tolérance. En tout cas, que le prêtre se garde bien de sortir des temples qu'on a l'extrême bonté de lui laisser.

Secondement, les doctrinaires politiques, rationalistes la plupart, quelques-uns croyants. Se réclamant de la tradition dite *libérale*, de 1789, 1815, 1830, ils tendent, qui plus qui moins, à la séparation de l'Eglise et de l'Etat. (On sait le sens très particulier et très restrictif de la liberté catholique qu'ils attachent à cette formule.)

Ecoutez l'un d'eux, qui doit à une profonde étude du sujet et à un commerce assidu avec « ce grand gouvernement de l'Eglise, dont la cause n'est pas la sienne », une sincérité d'aveux et une loyauté de ton, auxquelles les siens ne nous avaient pas accoutumés.

« Quand donc le clergé comprendra-t-il que c'est pour ainsi dire un axiome, pour les intelligences françaises, que le prêtre doit rester dans l'église, au pied de l'autel, s'il veut rester fidèle à son rôle et à sa mission (1) ? »

Au pied de l'autel, fort bien ! mais les vôtres travaillent à l'envi, rouages inconscients ou complices intéressés des sectes, à en éloigner les hommes, les enfants, et finalement les femmes ; et cela par vos journaux et vos ligues, vos cours et vos écoles, et ce monde de sociétés, de syndicats, d'agences — conseils municipaux et bureaux de bienfaisance en tête — qui enserrent le pays, comme un réseau aux mailles étroites. Et vous prétendez enchaîner le prêtre aux balustres de l'autel, comme interné en prison cellulaire, ou délaissé dans une fosse qui n'a jour que du côté du ciel ?

La réclusion, on l'impose aux condamnés. Serait-ce là votre but ?

Non, vous ne voulez pas être si méchant ; mais alors avouez que votre système est moins humain que votre cœur. La religion qu'est-ce, sinon Dieu et le peuple reliés par le prêtre ? Si vous ôtez Dieu des institutions populaires ; si d'autre part vous écartez le peuple de Dieu, en vain vous nous parlez de votre respect du « prêtre au pied de l'autel ». En fait vous le supprimez.

Oh ! je veux bien faire large la part de l'illusion et des entraînements ; d'autant que j'ai à mentionner parmi nos adversaires, en troisième lieu, des catholiques, et des catholiques sincères ; des prêtres même et non pas des moins respectables.

Gardons-nous bien, Messieurs, de suspecter un instant qui que ce soit de nos frères, s'ils pensent aujourd'hui comme plus d'un parmi nous, peut-être, pensait encore hier.

Que ne peuvent à la longue, sur les meilleurs esprits, la rouille des préjugés invétérés, et ces restes du vieux levain régalien, légiste, gallican, qui résista quand même aux efforts des plus consciencieuses expurgations ? N'y a-t-il pas aussi une sorte de suggestion, dans les cerveaux moins réfléchis, exercée par telles maximes dont la seule autorité est d'être creuses et partant sonores ; qui, à l'instar des affiches criardes dont tout le prestige s'emprunte à la répétition hypnotisante du

---

(1) E. Spuller, l'Evolution sociale et politique de l'Eglise. Paris, Alcan, 1893.

même mot, pénètrent, elles aussi, dans les convictions naïves parce qu'on les a mille fois entendues.

Et c'est ainsi qu'un bon chrétien, tenant rang honorable dans les œuvres pies, troublé un jour, dans sa quiétude de châtelain, par les doléances du prêtre, qui allant par état à toutes les misères, reçoit de première main toutes les plaintes, s'échappera parfois à dire : « Notre curé est un saint homme ; mais pour Dieu ! qu'il nous laisse tranquilles : qu'il reste dans sa sacristie ! »

J'ai dit aussi des prêtres... Et oui, Messieurs, des prêtres d'ailleurs pleins de mérites ; mais, formés dans un moule trop étroit qui a gêné l'expansion de leur vie sacerdotale ; mais, découragés peut-être par plusieurs tentatives infructueuses ; qui sait ? encore imbus, sans qu'ils s'en doutent, de quelque ombre de préjugés jansénistes — le jansénisme, ce premier et terrible laïcisateur des mœurs chrétiennes ! — enfin, disons-le franchement, troublés outre mesure par les défaillances de ceux dont l'Ecriture dit « qu'ils voulaient faire grand, mais s'en allant sans conseil, périrent dans le combat (1) ».

Bref, pour ces prêtres respectables mais stérilisés, l'idéal du zèle s'est figé dans une régularité presque toute négative.

Leur cloche tinte à l'heure ; l'office paroissial est ponctuel et décent ; l'instruction et les sacrements sont distribués à qui veut bien se présenter. Puis, devant le petit troupeau fidèle, de plus en plus réduit, de femmes, de vieillards et d'enfants, ce sont des gémissements et des saintes colères contre un siècle mauvais et un peuple perdu !

II

Finalement, qui a raison ?

Demandons-le à Notre-Seigneur Jésus-Christ tout d'abord.

Je vous prie de remarquer, mes frères, que l'Evangile est une perpétuelle excitation à la marche en avant. Qu'on reconnaît bien dans le

______

(1) I Macc. V. 62-67.

Christ, « vérité, chemin et vie », comme il s'intitule lui-même, celui dont il fut écrit : « Il s'est élancé comme un géant pour parcourir sa voie (1) » ! Jésus instruisant ses apôtres ne leur parle de s'asseoir que pour la veillée d'armes de Gethsémani (2), et la retraite du cénacle (3). Dans ces deux circonstances, il s'agissait du repos nécessaire avant le combat.

Remarquez aussi qu'après leur avoir dit : Venez, *venite*, en les appelant à l'apostolat, il ne leur dira plus que deux fois ce mot : d'abord, au retour de leur premier essai d'évangélisation, afin qu'ils goûtent un instant auprès du bon maître un joyeux repos (4) ; ensuite, quand il leur parle du repos définitif dans les éternelles récompenses (5).

Hors de là, à savoir entre les préliminaires et les sanctions, une seule consigne : Allez ! *Euntes, ite !*

Et où donc aller ? — Dans tout l'univers. Nations et individus sont vos justiciables. Je vous le répète : Instruisez les peuples ; je dis plus : prêchez à toute créature (6).

Alors nous ouvrirons bien larges les portes de nos temples, et ils pourront tous venir boire aux fontaines du Sauveur. — Oui, c'est là l'ordre ordinaire, mais non l'ordre complet. Ecoutez-moi bien, mes disciples : Ce que vous avez entendu tout bas, de mes lèvres à votre oreille, vous irez le prêcher sur les toits (7), — c'est-à-dire en public et de maison en maison, comme l'explique saint Paul.

Et la méthode à suivre dans cet apostolat au dehors ? — Vous irez à domicile ; vous commencerez par faire du bien aux malades : *Curate infirmos qui in illa sunt* ; ensuite vous leur annoncerez le royaume de Dieu : *Appropinquavit in vos regnum Dei* (8).

Entendez-le, doctrinaires et pusillanimes ; entendez-le surtout, serviteurs dévoués du Maître divin :

---

(1) Psalm. 18.
(2) Sedete hîc, donec vadam illuc et orem. — Matth. XXVI, 36.
(3) Sedete in civitate. — Luc XIV, 49. — Cf. Luc XIV, 28-31.
(4) Venite mecum et requiescite pusillum. — Marc, VI, 31.
(5) Venite, benedicti Patris mei. — Matth. XXV, 34.
(6) Matth. XXVIII, 19. — Marc XVI, 15.
(7) Matth. X, 27. — Act. XX, 20.
(8) Luc X, 9.

Pourvoir au bien-être essentiel du peuple d'abord, puis à son salut : tel est le plan dressé par le Rédempteur.

Les prescriptions de l'Eglise commentent, tout naturellement, celles de Jésus-Christ. Laissant de côté conciles et décrétales, je m'en tiens pour le moment à Léon XIII et à ses recommandations les plus récentes.

« Nous avions exposé, dit Mgr l'Evêque de Liège dans sa lettre pastorale de janvier dernier, » nous avions exposé à Léon XIII les craintes que les associations professionnelles d'ouvriers chrétiens inspiraient à plusieurs, et il nous avait répondu par cette exclamation, dont nous n'oublierons jamais l'accent pénétrant : *Veut-on donc laisser aller les ouvriers au socialisme et à la révolution !* Puis Sa Sainteté ajouta aussitôt : « Ce sont vos prêtres surtout qu'il faut exhorter à aller au peuple ; ils ne peuvent pas rester enfermés dans leurs églises et leurs presbytères ; il faut les animer de l'esprit apostolique, de l'esprit qui animait un saint François-Xavier, qui allait de ci de là, partout, pour prêcher la doctrine chrétienne à tous. » Ce langage, Léon XIII ne cesse de le répéter depuis six mois aux évêques qu'il reçoit en audience. « C'est donc comme un mot d'ordre partant à chaque instant de la chaire de saint Pierre et adressé par l'intermédiaire des évêques aux prêtres de tous les pays. »

Ainsi s'exprimait encore, il y a quelques jours à peine, notre grand pape, à l'infatigable patron des ouvriers catholiques de Reims ; et dans cette audience aux chapelains de Montmartre dont le récit a suffi à dissiper tant de malentendus (1), l'auguste vieillard, les yeux enflammés, ses grands bras étendus, n'hésitait pas à se poser lui-même en exemple, rappelant son encyclique aux ouvriers qui, tandis que de braves gens dorment, est en train de régénérer, sans bruit, l'économie sociale dans l'immense armée des travailleurs.

Oui le pape veut que le prêtre sorte et coure à l'ouvrier, « de ci, de là, partout ».

Hier, dans cette chaire, un orateur, au cœur d'apôtre lui aussi (2),

---

(1) Numéro de mai 1894 du *Bulletin du Vœu national.*

(2) M. le chanoine Arnaud, Archiprêtre de Brignoles.

évoquait devant leurs compatriotes émus le nom des derniers prêtres fréjusiens, partis pour les missions lointaines.

Certes ! là-bas, ils savent bien aller chercher les âmes dans leurs misérables huttes.

Mgr Verius, des prêtres d'Issoudun, trompant la jalouse surveillance des Anglais, franchit, sur un canot que gouverne le mousse d'un brick corsaire, le détroit qui sépare l'Australie de la Nouvelle-Guinée. Le premier, il porte l'Evangile aux noirs de cette île. A bord, deux petites caisses : dans l'une la croix, une pierre d'autel et un calice ; dans l'autre, soixante petits manuels des métiers et des arts utiles, longuement annotés de sa main. Mes frères, le secret apostolique de l'Eglise est là tout entier. Dieu a fait l'homme composé de corps et d'âme en unité substantielle. La Rédemption ne sépare rien de ce que Dieu a uni. Donc allons à tous ; soulageons les corps et sauvons les âmes.

Saint Paul l'avait nettement exprimé avec une incomparable vigueur, dans ce passage de l'épitre aux Hébreux que nous ne méditerons jamais assez.

« Tout pontife, pris parmi les hommes, est constitué au profit des hommes, en ce qui touche leurs rapports à Dieu. » Médiateur par état, à Dieu « il offre les dons et les sacrifices » : et pour les hommes que fera-t-il ? Ecoutez le texte sacré : *Ut condolere possit omnibus qui ignorant et errant !* Son œuvre première, capitale, c'est d'aller compatir à tous les ignorants, à tous les dévoyés (1).

Ceux-là, apparemment, on ne les voit pas tous les jours dans nos églises au pied de l'autel.

Au fait n'est-il pas manifeste que la généralité du monde des ouvriers a abandonné le chemin de l'église ? Et alors ne faut-il pas aller les chercher où ils sont ? Ils n'entourent plus nos chaires, envoyonsleur le prône imprimé, chez eux. Qu'ils nous entendent et les barrières s'aplaniront. Le peuple, dit-on, n'aime plus Jésus-Christ !.... Il en a la nostalgie, selon un mot sublime ; dès qu'il en entend parler, il se ressouvient ; il est remué, il va à lui, car il l'aime.

---

(1) Hebr. V, 1, 2.

Un adolescent au front chaste embrasse un jour sa mère. — Je veux être prêtre, lui dit-il tout bas. La mère pleura, la chrétienne trembla; et comme la mère chrétienne est quelque chose de divin, tout fait aussi de dévouement, elle pria longuement et lui dit : Mon fils, va où Dieu t'appelle.

Au Séminaire il étudiait avec ardeur ; il avait des rêves d'ange et des ambitions de saint. Il se voyait, vêtu de la chasuble d'or, à l'autel, et tout autour un peuple prosterné. Il parle et les foules émues frappent leur poitrine, comme aux accents de feu d'un Vincent Ferrier. Assis au confessionnal, des flots de pécheurs passent et pleurent...

Tout de bon, le voilà prêtre. Son évêque l'envoie vicaire dans un gros bourg, ou jeune recteur dans un village.

Il y eut assez de monde le premier dimanche : c'était la curiosité du jour. Ensuite ce fut fini : le désert dans le temple, à l'exception du *pusillus grex* de fidèles, qui ne nous abandonne pas.

Et voilà la réalité après le rêve... Projets, talents, renoncements, efforts, tout vient échouer dans le vide. Pauvre jeune prêtre, que je te plains !

Et où sont-ils donc ces hommes ? Partout, hormis à l'église. Les meilleurs vous disent, j'irais volontiers, mais ce n'est pas la mode.

Oh ! ne leur jetons pas la pierre et ayons compassion d'eux. Au fait, quelle étrange fatalité les tint presque toujours loin du cœur du prêtre, enfant d'artisan lui aussi, et toujours prêt à aimer !

Ecolier de sept ans, l'enfant du peuple s'agite et babille sur les bancs, pressés aux abords du sanctuaire où son maître ne le surveille plus. C'est au prêtre à le contenir en silence, par un regard forcément sévère et des réprimandes réitérées. Dans ce jeune cerveau l'idée de « prêtre » s'associe déjà à l'idée de compression et de crainte. Heureux quand, tout petit, et aux bras de quelque femme sottement irréfléchie, il n'a pas entendu souvent, lorsque le bon curé passait dans la rue, cette stupide apostrophe destinée à couper court à un caprice: Sois sage, autrement le prêtre te prendra. — Alors pour lui le prêtre est un épouvantail !

Le catéchisme de la première communion supporte des crises de paresse voire même d'obstination vicieuse. Il a fallu plus d'une fois menacer et punir. Enfin le beau jour est venu : un beau rayon du ciel, mais fugitif comme un éclair.

Après, l'adolescent se sent déjà son maître, et cet indépendant de treize et quatorze ans aspire déjà à être un révolté. Il paraîtra encore pour Pâques. Le prêtre sera bon, indulgent à l'excès : n'importe, sa seule vue est un reproche vivant à ses passions qui fermentent, se déchaînent, emportent tout. Le remords pèse. Il est plus simple de l'étouffer, en disant : Je ne crois plus, les prêtres font un métier comme les autres. Et à la faveur de cette formule complaisante, à laquelle les mauvaises lectures et les mauvaises compagnies ajoutent tous les commentaires qu'on connaît, l'abîme est définitivement creusé entre l'église et l'apprenti, entre le prêtre et son meilleur ami, l'homme du peuple. Il leur arrivera, au cours de la vie, de se retrouver face à face, par exemple pour les formalités d'un mariage ou d'un enterrement. L'ouvrier restera froid comme devant un fonctionnaire, méfiant comme auprès d'un percepteur d'impôts ; et quand, par respect des coutumes ou par un reste invincible de piété filiale, il ira appeler son curé pour assister le vieux père qui va mourir, il dira tout bas d'un ton farouche : La mort entre dans la maison.

Messieurs, il y a, dans les centres même les plus rebelles, de nombreuses exceptions : mais pour la plupart, dites si j'exagère, et, simplement, à titre de symptôme emprunté aux vulgaires relations journalières, rappelez-vous le regard effaré, suivi du geste brusque qui referme la portière du wagon, quand un de ces hommes ouvrant machinalement pour prendre place, nous aperçoit tout seul dans un compartiment.

Et nous nous étonnerions que nos églises soient vides d'hommes ?

Fatalité cruelle, qui élève un mur de haine entre des frères si bien faits pour se comprendre, et les partage, par le plus inconséquent des malentendus, en deux camps : celui des loups qui menacent et celui des agneaux qui tremblent.

Non pas, ô prêtre ; ne sois donc pas timide, homme de peu de foi. Si le prodigue ne vient pas vers son père, toi, père, va vers le prodigue. Ils sont trois fois malheureux, car ils sont bons, ils souffrent sans espoir et ils sont trompés. Laisse au bercail les brebis fidèles. Prends ta croix, va, fouille les ravins et les buissons ; et quand tu auras trouvé la brebis perdue, joyeux tu la prendras sur tes épaules et la ramèneras à la bergerie. Ce sera le cas de nous convier encore — *Convocat vicinos suos* — pour nous réjouir avec la famille entière, et partager devant Dieu les joies du retour.

III

Pour qu'il réussisse dans cette campagne spirituelle *ad extra*, le prêtre doit avoir une vertu éprouvée et beaucoup d'abnégation.

Il lui faut d'abord être « fort dans la foi (1) » : fort, c'est-à-dire solidement instruit ; fort dans la foi, c'est-à-dire instruit aux sources surnaturelles. Donc une éducation biblique et théologique bien affermie.

Rien n'est nouveau dans la malice humaine : les mots changent, le mal demeure. Mais il s'agit d'adapter les immuables principes aux exigences sans cesse variées, faute de quoi on ne comprend pas, et moins encore on n'est compris. Voilà pourquoi à la science sacrée, il faut joindre la connaissance suffisante du mouvement littéraire, reflet de l'évolution des esprits, et une teinture convenable des sciences et des arts, que je n'appellerai nullement des études profanes, car tout ce qui est vrai et beau vient de Dieu.

Ce bagage suffit à tout ouvrier de l'Evangile. A Dieu d'envoyer à son heure, à des serviteurs de choix, l'esprit des Elie et des Jean-Baptiste. Quand il s'en trouve en un diocèse, c'est une grande grâce dont il faut le bénir. Pourvu qu'ils répètent à genoux, chaque soir, *servi inutiles sumus*, je réponds de leur action et de leurs conquêtes. Alors, comme faisaient hier même, à Brest, les ouvriers de la marine, on se sentirait prêt à les porter en triomphe à travers les rues de la ville, car ils sont pour les deshérités et les malheureux de tout un pays les prophètes du progrès et les précurseurs du salut.

Il faut aussi au prêtre la prudence. Non pas cette prudence de la chair qui est la mort, dit saint Paul (2). Arrière tout masque hypocrite qui persuade au lâche que sa posture est honnête, et suffit trop souvent à calmer les consciences pusillanimes.

------

(1) Petr. V, 9.
(2) Rom. VIII, 6.

J'entends par prudence ce sens divin qui met tout notre espoir dans le ressort de la vie d'oraison et de la prière des humbles : cette fermeté mesurée qui épie le moment favorable, fait avancer lentement sans jamais reculer et évite les éclats provocateurs ou inutiles ; ce tact hiérarchique qui maintient chaque soldat à son rang et l'empêche de compromettre ses chefs ; enfin l'invincible résolution de travailler sans relâche au progrès moral et social des multitudes, mais jamais pour des préférences politiques. Et c'est là essentiellement « la force dans la foi » qui défie toute suspicion et désarmera finalement tous les préjugés.

Prêtres, nous formons une race à part. Les peuples ont raison quand ils se scandalisent de nous trouver simplement hommes. Nous tenons, par état, de l'homme et de l'ange. Nous travaillons dans le monde, mais sans être du monde ; les pieds dans la boue, s'il le faut, mais le cœur au ciel. Comme l'ange de Tobie, nous devons dire : Il vous semblait que je mangeais et buvais avec vous ; or j'use d'une nourriture et d'un breuvage invisibles (1). Touchant, d'office, à toutes les misères intimes, malheur si nous y cédions. De même quand nous descendrons dans l'arène publique, que ce soit pour subvenir aux besoins moraux, économiques, sociaux, religieux des masses, mais jamais pour nous commettre dans les querelles des partis.

Ne tolérons pas même qu'on nous classe dans ce qu'on appellerait imprudemment le « parti » catholique. Il y a l'Eglise catholique, c'est-à-dire universelle quant au temps, à l'espace, aux nations et aux individus ; mais il n'y a pas de parti catholique. Ces deux mots jurent accouplés, comme une antinomie. Parti veut dire coupure, portion, secte ; et catholique signifie universel. — Tous vous êtes frères, nous a dit le Sauveur (2) ; et après lui, le grand Paul :

« Parmi vous il n'y a plus ni indigènes ni étrangers, ni libres ni esclaves, ni hommes ni femmes, mais uniquement et en tous, Jésus-Christ (3). » Vrai principe d'émancipation et d'expansion sociale qui sauvegarde l'unité des foyers et de la patrie, mais les assouplit et les ouvre, et les empêche à tout jamais de redevenir des tannières de fauves ou des camps de barbares.

---

(1) Tob. XII, 19.
(2) Matth. XXIII, 8.
(3) Gal. III, 28.

A plus forte raison, tous frères dans la famille du pays et dans la patrie française, vivons avec tous comme avec des amis. Quelque hostilité qu'on nous déclare, quelques avanies dont on nous abreuve, répondons surtout par la patience et l'amour. Au fait nous n'avons devant nous que des frères : les bons qui pourraient devenir mauvais, les mauvais qui peuvent devenir, et espérons-le, deviendront bons.

Ai-je besoin, après cela, de dire qu'il faut au prêtre militant la charité ? Aimons. Témoignons notre amour par la souffrance, au besoin par la mort, et nous vaincrons ; et ceux qui s'obstinent à ne pas croire aux dogmes seront forcés de croire à la charité.

Mais rappelons-nous bien que nous ne ferons rien qui vaille et qui tienne, si nous ne demeurons fermement unis à Notre Saint Père le Pape, hors lequel Dieu ne bénit pas.

Loin de nous, mes frères, ces téméraires hésitations qui firent un instant vaciller de nobles cœurs. On pardonne aux émotions d'une surprise ; on ne pardonnerait plus à une défiance systématique.

Les enfants des ténèbres seront-ils donc toujours plus avisés que les fils de la lumière ? Etonnés eux aussi, ils ont compris bientôt l'importance colossale — le mot n'est pas de moi — du geste parti du trône du Vatican, là « où le pape voit de loin, où le pape n'est pas pressé (1) ». Ils ont constaté, comme une défaite pour leurs visées propres, ce coup de barre qui fait cingler l'antique vaisseau vers les courants où se joue désormais la destinée des sociétés humaines.

Pour eux, c'est un coup de génie : aux chrétiens d'y célébrer le phénomène de l'assistance divine (2)... Et, cependant, parmi nous quelques-uns, troublés par le faux jour d'horizons obscurcis, souffrant encore d'honorables blessures, blessures que les luttes publiques réservent aux soldats du premier rang, se fatiguaient à jeter les scrupules de leur conscience au travers de leur docilité. — Après tout, l'infaillibilité n'est pas ici démontrée, donc je passe outre.

Oh !... la filiale disposition d'un cœur qui ne s'inclinerait que sous les menaces de la damnation ! Mais c'est dans cent ou deux cents ans que les scolastiques s'exerceront à déterminer si tel acte pontifical fut

---

(1) Discours de Salernes, durant la dernière crise électorale.
(2) Ouvrage cité plus haut: Avant-propos.

de ceux dont l'opiniâtre mépris entraîne avec soi l'anathème. Au pontife
vivant qui commande ou exhorte, le fils docile n'a qu'une réponse : Je
vous suis. Le pape est infaillible docteur à ses heures, il est pasteur et
père toujours. Alors même qu'au point de vue abstrait, l'esprit pourrait
rechercher et se dire : ce parti est-il en soi le meilleur ? la volonté en
obéissant toujours ne se trompe jamais.

Donc, prêtres de Dieu, jaloux de sauver le peuple qu'on retient loin
de nous ; donc, chrétiens dévoués, infatigables lieutenants du sacerdoce, sortez, et allez à la croisade sainte. Les foules demandent du pain,
surtout le pain de vie qui donne ici-bas même un peu de bonheur. *Duc
in altum*, pousse au large ! nous crie Jésus, comme autrefois à Simon
Pierre. Pèlerins de l'Evangile, prenons la croix et marchons !

Nous la portions il y a un an, mes frères, à Rome la patrie vivante
de la foi, conduite par les vaillants religieux de l'Assomption. Au Vatican, les bannières de la « Croix » de Paris et des « Croix » des pro-
vinces flottèrent sur trois mille têtes ; et quand répondant à l'adresse du
R. Père Picard, le Pierre l'Hermite de la pacifique croisade de salut,
Léon XIII bénit toutes les œuvres françaises, ce fut une acclamation
formidable qui rappela le cri de *Dieu le veut* de Clermont.

Puis, nous remontions à bord, portant à Jérusalem de grandes croix
de bois clouées aux mâts de nos navires. La Croix française allait res-
pirer l'air natal et se retremper, nous avec, au sol sacré de nos origines,
à Bethléem, au Saint-Sépulcre ; car la patrie des chrétiens, comme toutes
les autres, est faite d'un berceau et d'une tombe.

Nous les avons rapportées ces croix mystérieuses, imprégnées de la
sève de vie. Partout où elles passent, partout où on les multiplie et on
les dissémine, une longue traînée d'œuvres populaires forme leur bril-
lant sillage, mais ce sillage ne se dissout pas comme celui des flots. C'est
un sillon bien nourri où le grain tombé germe, se développe et produira
cent pour un. Ainsi en est-il déjà dans ce beau diocèse ; ainsi en sera-
t-il partout où l'on saura comprendre que Jésus-Christ est mort pour
tous les hommes et veut tous les rendre heureux. *Amen.*

Aix. — Imprimerie J. NICOT, rue du Louvre, 16. — 4401

9 782019 974978